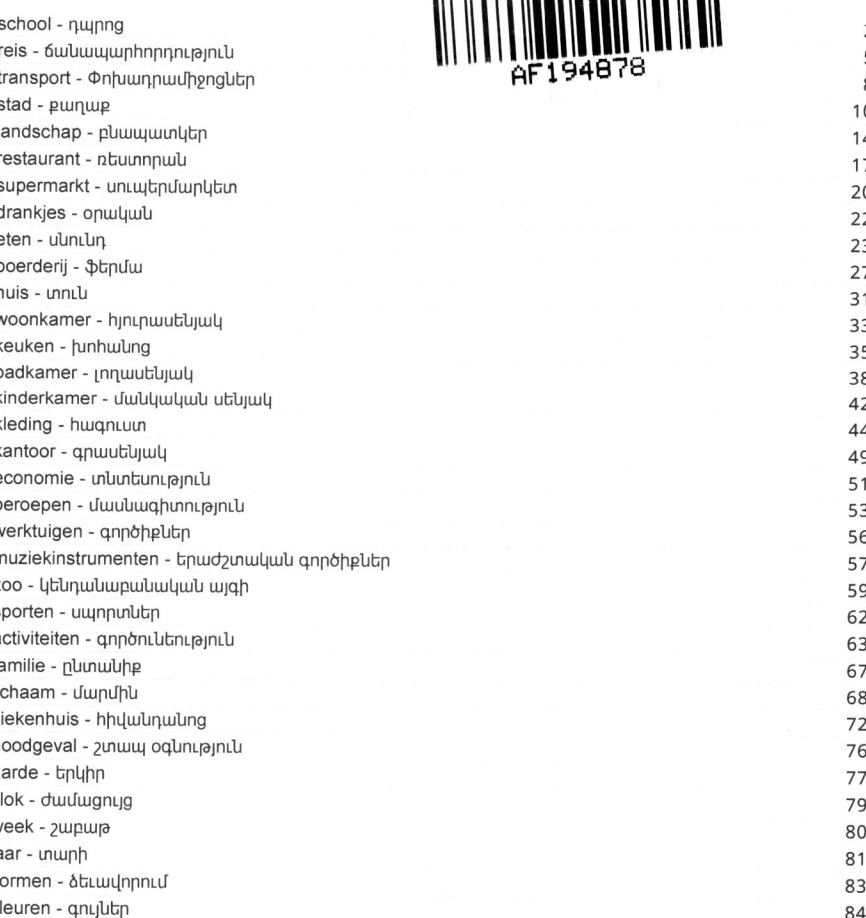

Impressum
Verlag: BABADADA GmbH, Nedderfeld 112 , 22529 Hamburg
Geschäftsführer / Verlagsleitung: Harald Hof
Druck: Books on Demand GmbH, In de Tarpen 42, 22848 Norderstedt

Imprint
Publisher: BABADADA GmbH, Nedderfeld 112 , 22529 Hamburg, Germany
Managing Director / Publishing direction: Harald Hof
Print: Books on Demand GmbH, In de Tarpen 42, 22848 Norderstedt

school

դպրոց

klaslokaal
մատյան
delen
բաժանել
186/2
bord
գրատախտա
կ
speelplaats
խաղադաշտ
leerkracht
ուսուցիչ
papier
թուղթ
schrijven
գրել
pen
գրիչ
bureau
գրասեղան
liniaal
քանոն
boek
գիրք
leerling
աշակերտ

schooltas

պայուսակ

pennenzak

գրչատուփ

potlood

մատիտ

puntenslijper

մատիտի սրիչ

gom

ռետին

tekenblok

նկարչական ալբոմ

tekening

նկարչություն

verfborstel

վրձին

verfdoos

ներկերի տուփ

schaar

մկրատ

lijm

սոսինձ

werkboek

տետր

huiswerk

Տնային աշխատանք

nummer

թիվ

optellen

գումարել

aftrekken

հանել

vermenigvuldigen

բազմապատկել

rekenen

հաշվել

letter

տառ

alfabet

այբուբեն

woord

բառ

tekst

տեքստ

Lezen

կարդալ

krijt

կավիճ

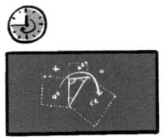

les

դաս

klassenboek

մատյան

examen

քննություն

certificaat

վկայական

schooluniform

դպրոցական համազգեստ

onderwijs

կրթություն

encyclopedie

հանրագիտարան

universiteit

համալսարան

microscoop

մանրադիտակ

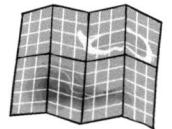

kaart

քարտեզ

papiermand

աղբարկղ

reis

ճանապարհորդություն

hotel
հյուրանոց
Grand
jeugdherberg
հանրակացարա
ն
ROOMS
wisselkantoor
փոխանակման
կետ
koffer
ճամպրուկ
auto
ավտոմեքենա

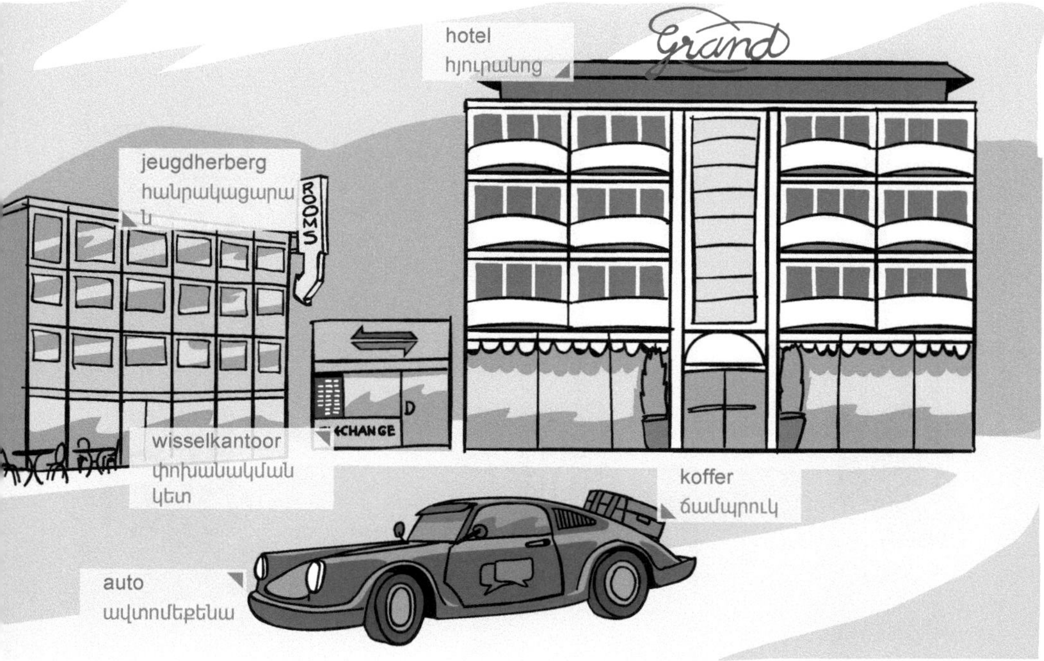

Taal

լեզու

ja / nee

այո / ոչ

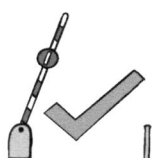

oké

Լավ

hallo

ողջույն

vertaler

թարգմանիչ

bedankt

Շնորհակալություն

Hoeveel kost ...?

Որքա՞ն է ...?

Ik begrijp het niet

Ես չեմ հասկանում

probleem

խնդիր

Goedenavond!

Բարի երեկո

Goedemorgen!

Բարի լույս

Goedenavond!

Բարի երեկո

Tot ziens

ցտեսություն

richting

ուղղություն

bagage

ուղեբեռ

zak

պայուսակ

rugzak

մեջքի պայուսակ

gast

հյուր

kamer

սենյակ

slaapzak

քնապարկ

tent

վրան

toeristeninformatie

Զբոսաշրջության տեղեկատվական

strand

լողափ

kredietkaart

ԿՐԵԴԻՏ քարտ

ontbijt

նախաճաշ

lunch

լանչ

avondeten

ճաշ

ticket

տոմս

lift

վերելակ

postzegel

կնիք

grens

սահման

douane

մաքսային

ambassade

դեսպանություն

visum

Մուտքի արտոնագիր

paspoort

անձնագիր

transport

Փոխադրամիջոցներ

vliegtuig
ինքնաթիռ
schip
նավ
brandweerwagen
հրշեջ մեքենա
bus
ավտոբուս
vrachtwagen
բեռնատար մեքենա
motorboot
մոտորանավակ
fiets
հեծանիվ
auto
ավտոմեքենա

veerboot

լաստանավ

boot

նավակ

motor

մոտոցիկլ

politiewagen

ոստիկանության մեքենա

racewagen

մրցարշավային մեքենա

huurauto

վարձակալվող մեքենա

carpoolen

մեքենայի վարձակալում

sleepwagen

էվակուատոր

vuilniswagen

աղբահանության մեքենա

motor

շարժիչ

benzine

վառելիք

benzinestation

բենզալցակայան

verkeersbord

երթևեկության նշան

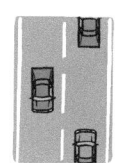

verkeer

երթևեկություն

file

խցանում

parkeerplaats

ավտոկանգառ

station

երկաթուղային կայարան

sporen

երկաթուղագիծ

trein

գնացք

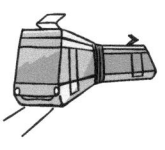

tram

տրամվայ

wagon

վագոն

helikopter

ուղղաթիռ

luchthaven

օդանավակայան

toren

աշտարակ

passagier

ուղեւոր

container

աման

karton

խավաքարտ

kar

սայլ

mand

զամբյուղ

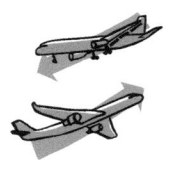

opstijgen / landen

հանեք / հողատարածք

stad

քաղաք

dorp

գյուղ

stadscentrum

քաղաքի կենտրոնում

huis

տուն

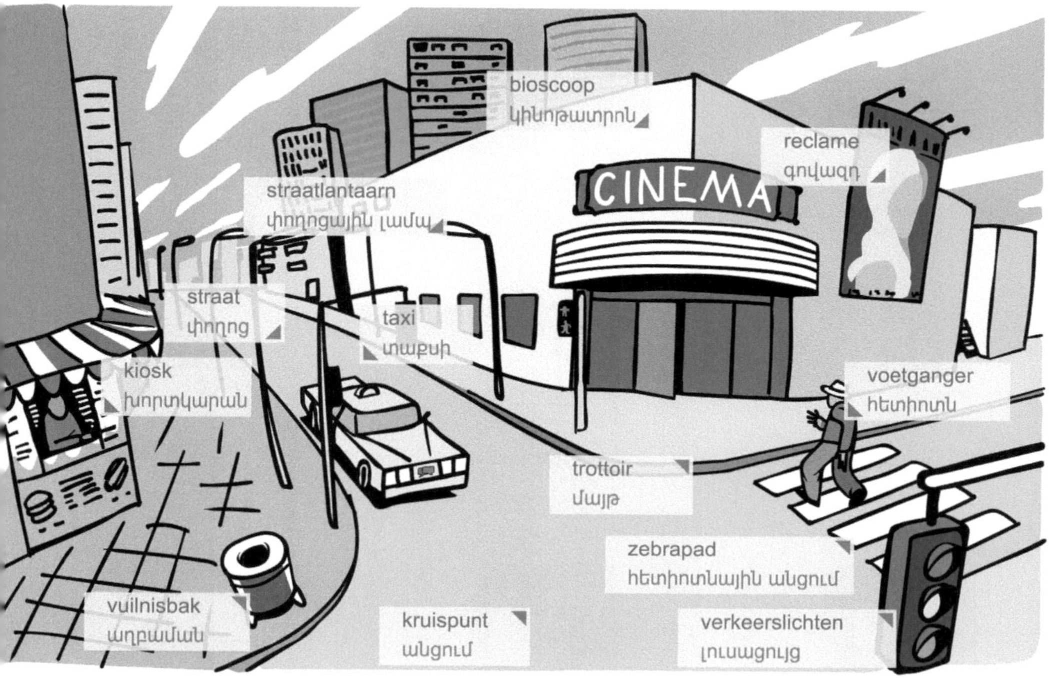

bioscoop
կինոթատրոն

reclame
գովազդ

straatlantaarn
փողոցային լամպ

straat
փողոց

taxi
տաքսի

CINEMA

voetganger
հետիոտն

kiosk
խորտկարան

trottoir
մայթ

zebrapad
հետիոտնային անցում

vuilnisbak
աղբաման

kruispunt
անցում

verkeerslichten
լուսացույց

hut
խրճիթ

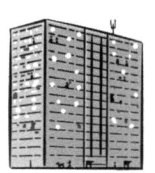

woning
բնակարան

station
երկաթուղային կայարան

stadshuis
քաղաքապետարան

museum
թանգարան

school
դպրոց

universiteit

համալսարան

bank

բանկ

ziekenhuis

հիվանդանոց

hotel

հյուրանոց

apotheek

դեղատուն

kantoor

գրասենյակ

boekwinkel

գրքույկ խանութ

winkel

խանութ

bloemenwinkel

ծաղկի խանութ

supermarkt

սուպերմարկետ

markt

շուկա

warenhuis

հանրախանութ

vishandelaar

ձկան խանութ

winkelcentrum

առևտրի կենտրոն

haven

նավահանգիստ

stad - քաղաք

park

զբոսայգի

bank

բանկերը

brug

կամուրջ

trap

աստիճաններ

metro

մետրո

tunnel

թունել

bushalte

ավտոբուսի կանգառ

bar

բար

restaurant

ռեստորան

brievenbus

փոստարկղ

straatnaambord

փողոցային նշան

parkeermeter

ավտոկայանման հաշվիչ

zoo

ենդանաբանական այգի

zwembad

լողավազան

moskee

մզկիթ

boerderij

ֆերմա

milieuverontreiniging

աղտոտման

kerkhof

գերեզմանոց

kerk

եկեղեցի

speelplaats

խաղահրապարակ

tempel

տաճար

landschap

բնապատկեր

blad
wegwijzer
ուղղության նշան
weg
ճանապարհ
weide
մարգագետին
steen
քար
wandelaar
արշավականներ
boom
ծառ
rivier
գետ
gras
խոտ
bloem
ծաղիկ

vallei

հովիտ

heuvel

բլուր

meer

լիճ

bos

անտառ

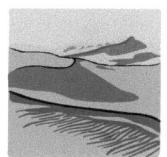

woestijn

անապատ

vulkaan

հրաբուխ

kasteel

ամրոց

regenboog

ծիածան

paddenstoel

սունկ

palmboom

արմավենու ծառ

mug

մժեղ

vlieg

թռչել

mier

մրջյուն

bijl

մեղու

spin

սարդ

kever

բզեզ

kikker

գորտ

eekhoorn

սկյուռ

egel

ոզնի

haas

նապաստակ

uil

բու

vogel

թռչուն

zwaan

կարապ

wild zwijn

վարազ

hert

եղջերու

eland

իշայծյամ

dam

պատնեշ

windturbine

քամին տուրբինների

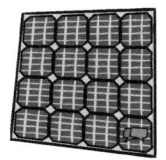

zonnepaneel

արեւային վահանակ

klimaat

կլիմա

restaurant
ռեստորան

ober
մատուցող
menu
մենյու
stoel
աթոռ
soep
ապուր
pizza
պիցցա
bestek
սպասք
tafelkleed
սփռոց

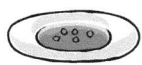

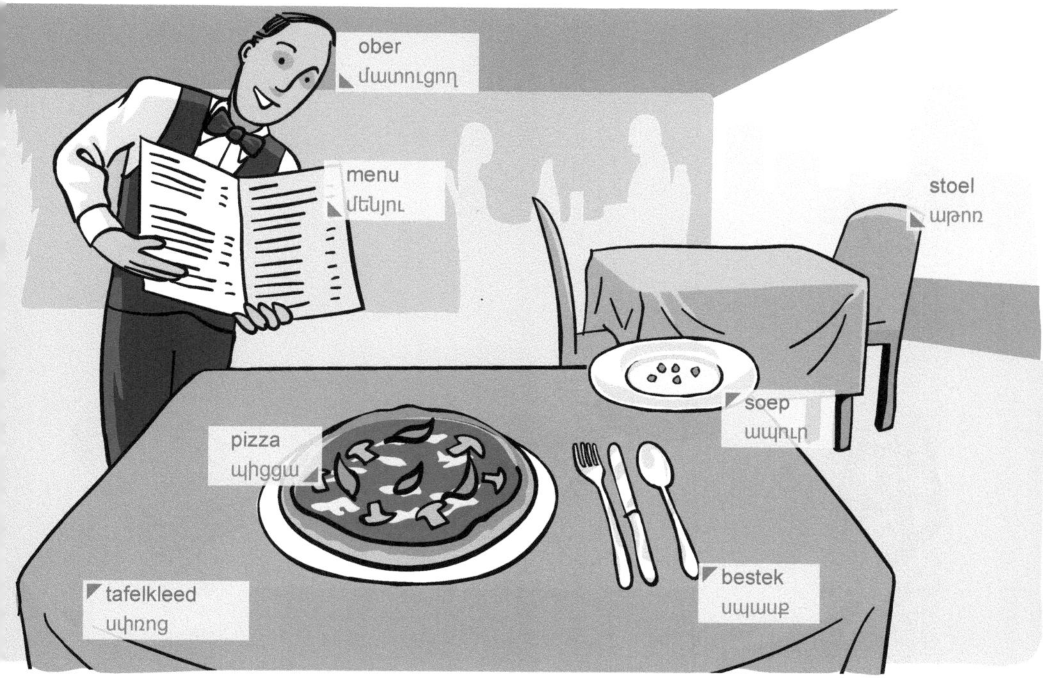

voorgerecht

ստարտեր

hoofdgerecht

հիմնական կերակուր

nagerecht

դեսերտ

drankjes

օրական

eten

սնունդ

fles

շիշ

fastfood

արագ սնունդ

street food

streetfood

theepot

թեյնիկ

suikerpot

շաքարաման

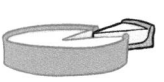

portie

բաժին

espressomachine

էսպրեսսո մեքենա

kinderstoel

մանկական աթոռ

rekening

օրինագիծ

dienblad

սկուտեղ

mes

դանակ

vork

պատառաքաղ

lepel

գդալ

theelepel

թեյի գդալ

serviette

անձեռոցիկ

glas

ապակի

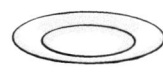

bord

ափսե

soepbord

խոր ափսե

schoteltje

պնակ

saus

սոուս

zoutvatje

աղաման

pepermolen

պղպեղի աղաց

azijn

քացախ

olie

ձեթ

kruiden

համեմունքներ

ketchup

կետչուպ

mosterd

մանանեխ

mayonaise

մայոնեզ

supermarkt

սուպերմարկետ

aanbieding
հատուկ առաջարկ

klant
հաճախորդ

zuivelproducten
Dairy

fruit
միրգ

winkelwagen
գնումների սայլակ

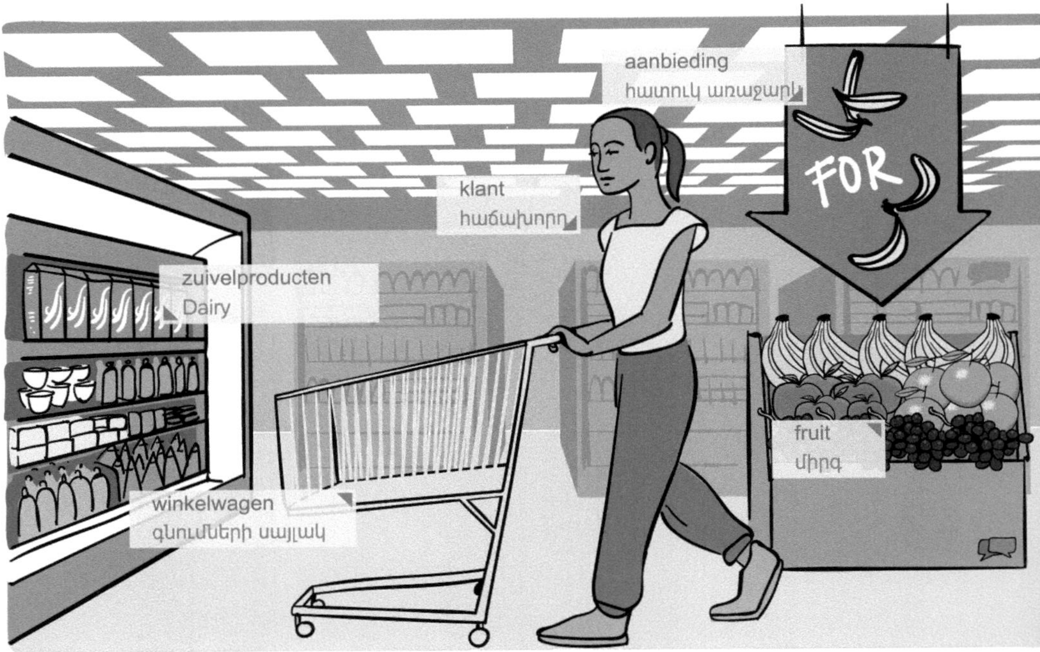

slagerij

մսամթերքի խանութ

bakkerij

հացամթերքի խանութ

wegen

կշռել

groenten

բանջարեղեն

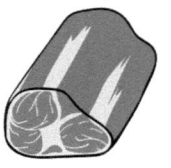

vlees

միս

diepvriesvoedsel

սառեցված սննդամթերքի

20   supermarkt - սուպերմարկետ

charcuterie

երշիկեղեն

conserven

պահածոների

waspoeder

լվացքի փոշի

snoep

քաղցրավենիք

huishoudproducten

տնտեսական ապրանքներ

schoonmaakproducten

մաքրող միջոցներ

verkoopster

վաճառող

kassa

դրամարկղ

kassier

գանձապահ

boodschappenlijstje

գնումների ցուցակ

openingstijden

ժամերը

portefeuille

դրամապանակ

kredietkaart

ԿՐԵԴԻՏ քարտ

tas

պայուսակ

plastieken zakje

պլաստիկ տոպրակ

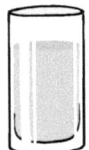

drankjes
օրական

water

ջուր

sap

հյութ

melk

կաթ

cola

կոլա

wijn

գինի

bier

գարեջուր

alcohol

սպիրտ

cacao

կակաո

thee

թեյ

koffie

սուրճ

espresso

էսպրեսսո

cappuccino

կապուչինո

banaan

բանան

appel

խնձոր

sinaasappel

նարնջի

meloen

սեխ

citroen

կիտրոն

wortel

գազար

knoflook

սխտոր

bamboe

բամբուկ

ajuin

սոխ

champignon

սունկ

noten

ընկուզեղեն

noodles

արիշտա

spaghetti

սպագետտի

rijst

բրինձ

salade

աղցան

frieten

չիպս

gebakken aardappelen

տապակած կարտոֆիլ

pizza

պիցցա

hamburger

համբուրգեր

sandwich

սենդվիչ

kalfslapje

կոտլետ

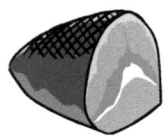

ham

խոզապուխտ

salami

սալյամի

worst

երշիկ

kip

հավ

braden

խորով ած

vis

ձուկ

havervlokken

վարսակի փաթիլներ

muesli

մյուսլի

cornflakes

եգիպտացորենի փաթիլներ

bloem

ալյուր

croissant

կրուասան

pistolet

բուլկի

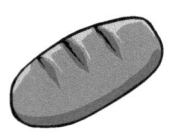

brood

հաց

toast

տոստ

koekjes

թխվածքաբլիթներ

boter

կարագ

kwark

կաթնաշոռ

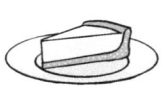

taart

տորթ

ei

ձու

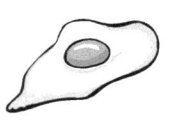

spiegelei

տապակած ձու

kaas

պանիր

ijs

պաղպաղակ

suiker

շաքար

honing

մեղր

confituur

ջեմ

choco

նուգա սերուցք

curry

կարրի

boerderij

ֆերմա

ֆերմային տնակ
schuur
գոմ
strobaal
ծղոտի դեզ
veld
դաշտ
paard
ձի
aanhangwagen
կցասայլ
tractor
տրակտոր
veulen
քուռակ
ezel
ավանակ
schaap
ոչխար
lam
գառ

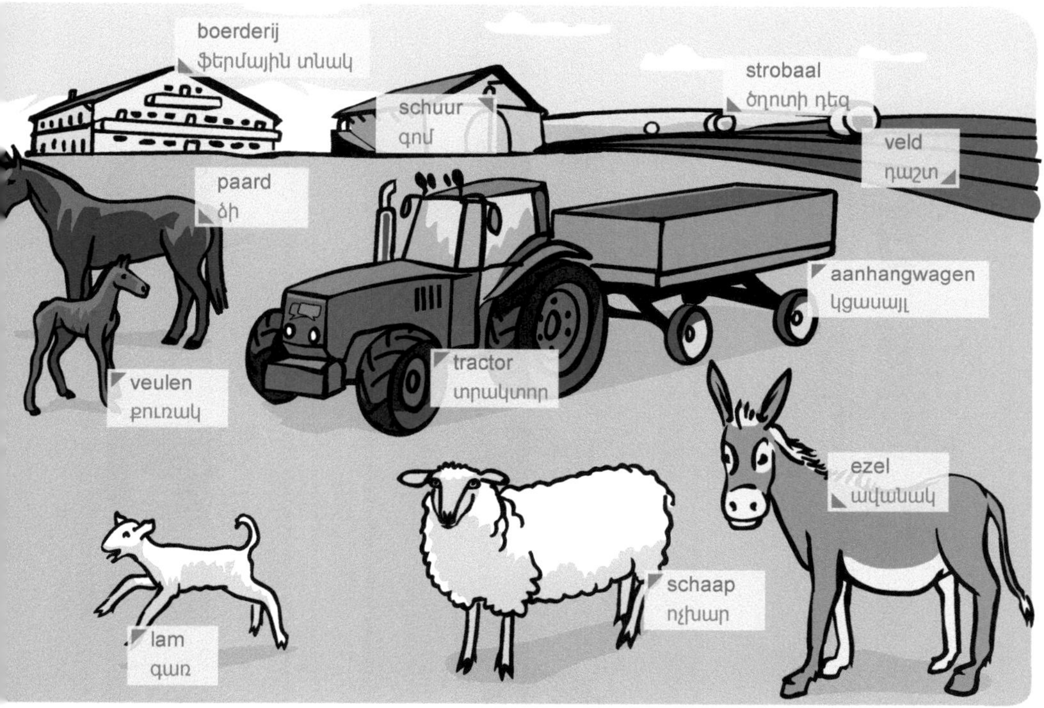

geit

այծ

koe

կով

kalf

հորթ

varken

խոզ

biggetje

խոճկոր

stier

ցուլ

gans

սագ

eend

բադ

kuiken

ճուտ

kip

հավ

haan

աքլոր

rat

առնետ

kat

կատու

muis

մուկ

os

ցուլ

hond

շուն

hondenhok

շան բուն

tuinslang

այգու փողրակ

gieter

watering կարող է

zeis

գերանդի

ploeg

գութան

sikkel

մանգաղ

schoffel

թոխր

hooivork

եղան

bijl

կացին

kruiwagen

միանիվ ձեռնասայլակ

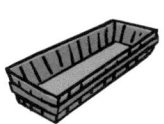

trog

կերակրատաշտ

melkkan

կաթի բիդոն

zak

պարկ

hek

ցանկապատ

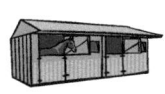

stal

կայուն

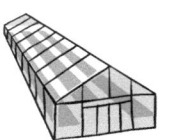

broeikas

ջերմոց

bodem

հող

zaad

սերմ

mest

պարարտանյութ

maaidorser

բերքահավաք կոմբայն

oogsten

բերք

oogst

բերք

yam

յամս

tarwe

ցորեն

soja

սոյա

aardappel

կարտոֆիլ

maïs

եգիպտացորեն

koolzaad

rapeseed

fruitboom

մրգային ծառ

maniok

manioc

graan

շիլաներ

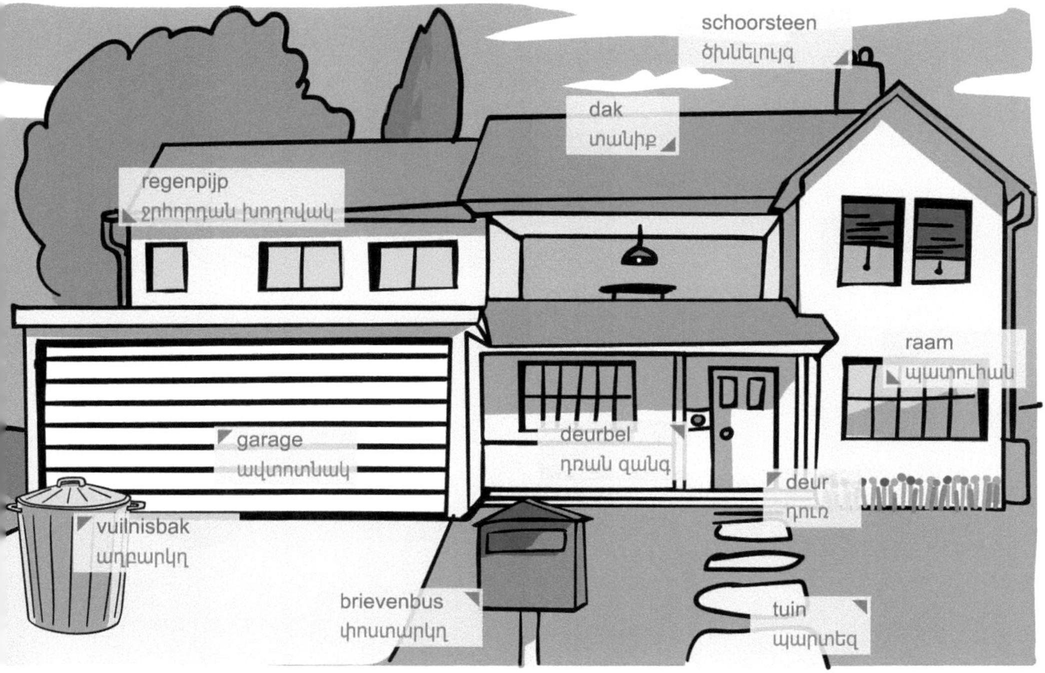

schoorsteen
ծխնելույզ
dak
տանիք
regenpijp
ջրհորդան խողովակ
raam
պատուհան
garage
ավտոտնակ
deurbel
դռան զանգ
deur
դուռ
vuilnisbak
աղբարկղ
brievenbus
փոստարկղ
tuin
պարտեզ

woonkamer

հյուրասենյակ

badkamer

լողասենյակ

keuken

խոհանոց

slaapkamer

ննջարան

kinderkamer

մանկական սենյակ

eetkamer

ճաշասենյակ

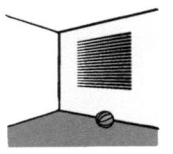

vloer

հարկ

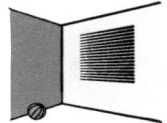

muur

պատ

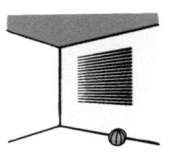

plafond

առաստաղ

kelder

նկուղ

sauna

շոգեբաղնիք

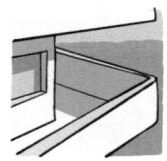

balkon

պատշգամբ

terras

պատշգամբ

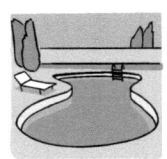

zwembad

ավազան

grasmaaier

խոտհնձիչ

dekbedovertrek

թերթ

dekbed

անկողնու ծածկոց

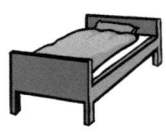

bed

մահճակալ

bezem

ավել

emmer

դույլ

schakelaar

անջատիչ

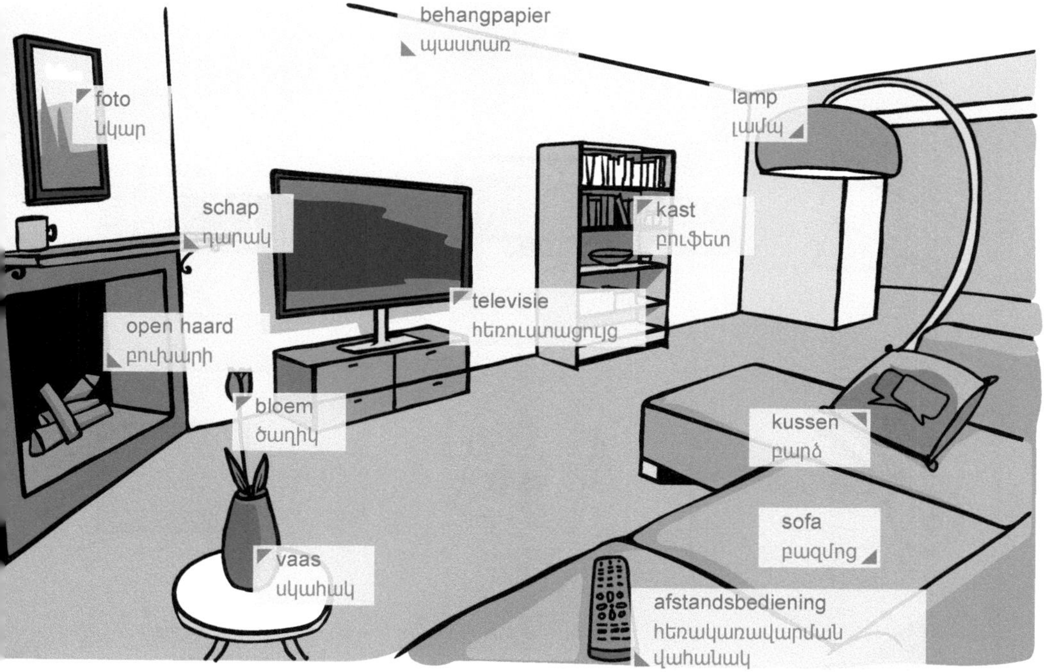

behangpapier
պաստառ

foto
նկար

lamp
լամպ

schap
դարակ

kast
բուֆետ

televisie
հեռուստացույց

open haard
բուխարի

bloem
ծաղիկ

kussen
բարձ

sofa
բազմոց

vaas
սկահակ

afstandsbediening
հեռակառավարման
վահանակ

mat

գորգ

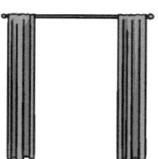

gordijn

վարագույր

tafel

սեղան

stoel

աթոռ

schommelstoel

ճոճվող բազկաթոռ

fauteuil

բազկաթոռ

boek

գիրք

deken

վերմակ

decoratie

զարդարանք

brandhout

վառելափայտ

film

ֆիլմ

stereo-installatie

hi-fi

sleutel

բանալի

krant

թերթ

schilderij

նկար

poster

պլակատ

radio

ռադիո

notitieboekje

տետր

stofzuiger

փոշեկուլ

cactus

կակտուս

kaars

մոմ

keuken
խոհանոց

koelkast
սառնարանի
microgolfoven
միկրոալիքային վառարան
keukenweegschaal
խոհանոցի կշեռք
broodrooster
տոստեր
afwasmiddel
լվացող հեղուկ
oven
վառարան
vriesvak
սառնարան
vuilnisbak
աղբարկղ
vaatwasmachine
աման լվացող սարք

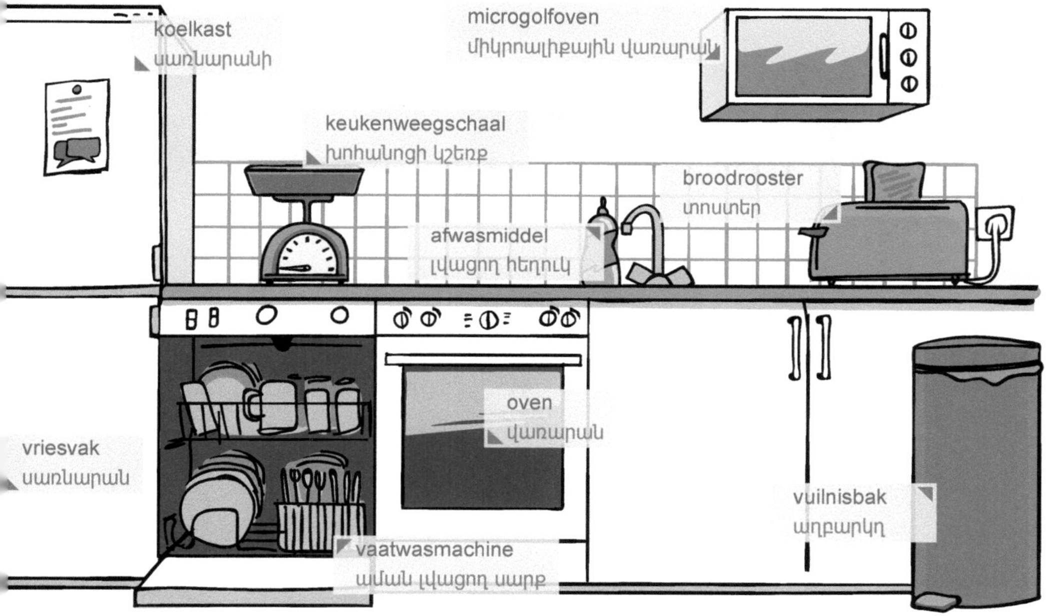

fornuis
կաթսա

pot
կճուճ

gietijzeren pot
թուջե աման

wok / kadai
wok / kadai

pan
թավա

waterkoker
թեյնիկ

keuken - խոհանոց 35

stoomkoker

շոգենավ

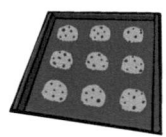

bakplaat

ջեռոցի սկուտեղ

servies

ամանեղեն

mok

բաժակ

kom

խորը աման

eetstokjes

փայտիկներ

pollepel

շերեփ

spatel

խոհանոցային բահիկ

garde

հարել

vergiet

քամիչ

zeef

մաղ

rasp

քերիչ

mortier

հավանգ

barbecue

խորոված

haardvuur

բաց կրակի

snijplank

տախտակ

deegrol

գրտնակ

kurkentrekker

խցանահան

blik

բանկա

blikopener

բացիչ

pannenlap

խոհանոցային բռնիչ

gootsteen

լվացարան

borstel

խոզանակ

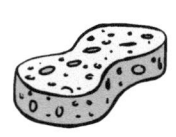

spons

սպունգ

blender

բլենդեր

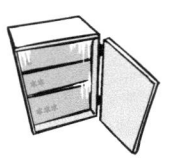

vriezer

սառնարան

papfles

մանկական շիշ

kraan

թակել

badkamer
լողասենյակ

verwarming
ջեռուցում
handdoek
սրբիչ
douche
ցնցուղ
douchegordijn
լոգարանի վարագույր
bubbelbad
փրփուրով վաննա
badkuip
լոգարան
glas
ապակի
wasmachine
լվացքի մեքենա
kraan
թակել
tegels
սալիկներ
kinderpo
մանր
gootsteen
լվացարան

toilet

զուգարան

hurktoilet

կզելը զուգարան

bidet

բիդե

urinoir

pissoir

toiletpapier

զուգարանի թուղթ

toiletborstel

զուգարանի խոզանակ

tandenborstel

ատամի խոզանակ

tandpasta

ատամի քսուք

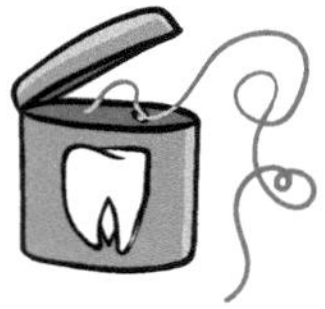

flosdraad

ատամի թել

wassen

լվանալ

handdouche

ձեռքի ցնցուղ

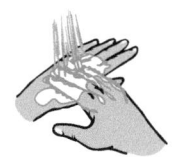

bidethanddouche

ցնցուղ

waskom

ավազան

rugborstel

մեջքի խոզանակ

zeep

օճառ

douchegel

լոգանքի գել

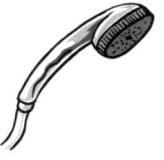

shampoo

շամպուն

washandje

ճիլոպ

afvoer

հատականցք

crème

կրեմ

deodorant

դեզոդորանտ

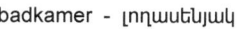

spiegel

հայելի

handspiegel

ձեռքի հայելի

scheermes

սափրիչ

scheerschuim

Սափրվելու փրփուր

aftershave

սափրվելուց հետո քսվող
լոսյոն

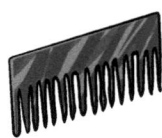

kam

սանր

borstel

խոզանակ

haardroger

մազերի չորացուցիչ

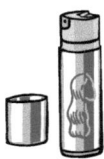

haarlak

մազի լաք

make-up

դիմահարդարում

lippenstift

շրթնաներկ

nagellak

եղունգների լաք

watten

բամբակ

nagelknipper

եղունգների մկրատ

parfum

օծանելիք

toilettas

դիմահարդարման պայուսակ

kruk

աթոռակ

weegschaal

կշեռք

badjas

լողանալու խալաթ

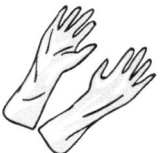

latex handschoenen

ռետինե ձեռնոցներ

tampon

տամպոն

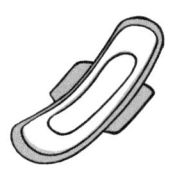

maandverband

սանիտարական սրբիչ

chemisch toilet

քիմիական զուգարան

kinderkamer

մանկական սենյակ

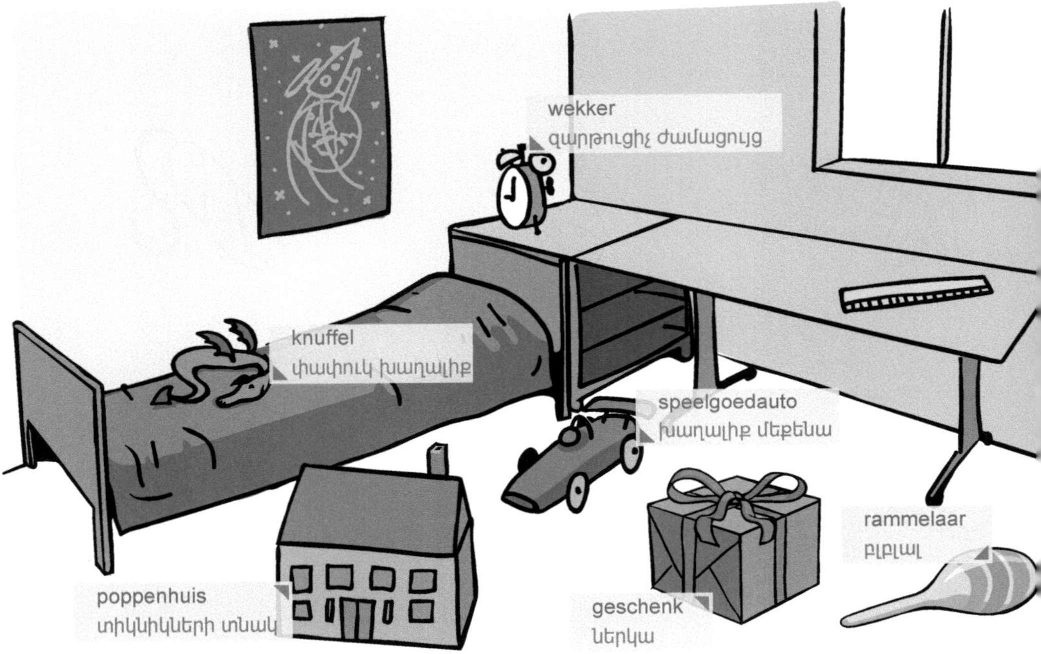

wekker
զարթուցիչ ժամացույց
knuffel
փափուկ խաղալիք
speelgoedauto
խաղալիք մեքենա
rammelaar
բլբլալ
poppenhuis
տիկնիկների տնակ
geschenk

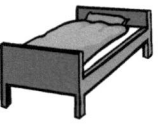

ballon

փուչիկ

bed

մահճակալ

kinderwagen

մանկական սայլակ

spel kaarten

խաղաթղթեր

puzzel

խճապատկեր

stripboek

կոմիքս

legoblokjes

Լեգո կուբիկներ

blokken

կառուցողական խաղալիքներ

actiefiguur

ակցիան գործիչ

kruippakje

մանկական բոդի

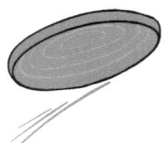

frisbee

Frisbee

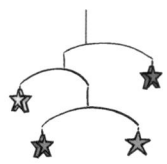

mobiel

շարժական

bordspel

խաղատախտակ

dobbelsteen

զառախաղ

modelspoorweg

գնացքների կազմ

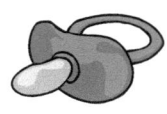

fopspeen

ծծակ

feest

կուսակցություն

prentenboek

մանկական պատկերազարդ գիրք

bal

գնդակ

pop

տիկնիկ

spelen

խաղալ

zandbak

ավազե խաղահրապարակի

schommel

ռիթմ

speelgoed

Խաղալիքներ

spelconsole

վիդեո խաղ մխիթարել

driewieler

եռանիվ հեծանիվ

knuffelbeer

խաղալիք արջուկ

kleerkast

պահարան

kleding

հագուստ

sokken

կիսագուլպա

kousen

գուլպա

maillot

զուգագուլպա

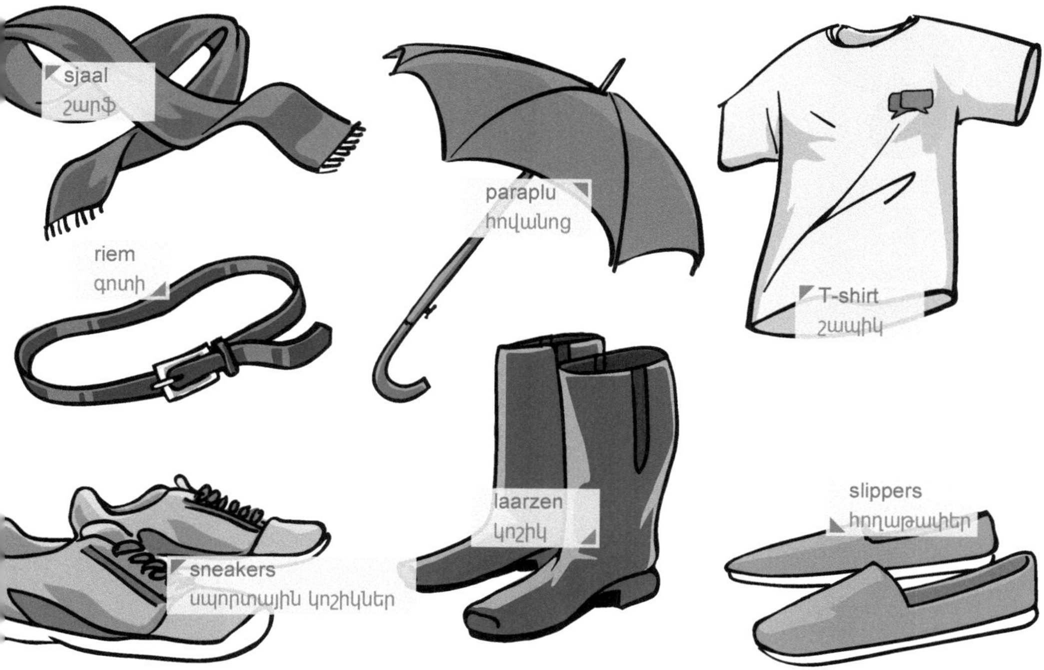

sjaal
շարֆ

paraplu
հովանոց

riem
գոտի

T-shirt
շապիկ

laarzen
կոշիկ

slippers
հողաթափեր

sneakers
սպորտային կոշիկներ

sandalen
....
սանդալներ

schoenen
....
կոշիկ

rubberlaarzen
....
ռետինե կոշիկներ

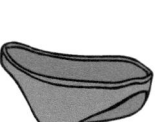

onderbroek
....
վարտիք

beha
....
կրծկալ

onderhemd
....
մայկա

lichaam

մարմին

broek

անդրավարտիք

jeans

ջինս

rok

կիսաշրջազգեստ

blouse

բլուզ

hemd

վերնաշապիկ

trui

պուլովեր

capuchontrui

սպորտային կուրտկա

blazer

պիջակ

jas

կուրտկա

jas

վերարկու

regenjas

անձրևանոց

kostuum

կանացի կոստյում

jurk

զգեստ

trouwjurk

հարսանյաց զգեստ

pak

տղամարդու կոստյում

nachthemd

գիշերանոց

pyjama

պիժամա

sari

Սարի

hoofddoek

գլխաշորն

tulband

չալմա

boerka

չադրա

kaftan

արևելյան խալաթ

abaya

հաստ վերարկու

badpak

կանացի լողազգեստ

zwembroek

տղամարդու լողազգեստ

short

շորտ

trainingspak

պորտային համազգեստ

schort

գոգնոց

handschoenen

ձեռնոցներ

knoop

կոճակ

bril

ակնոց

armband

ապարանջան

ketting

վզնոց

ring

մատանի

oorbel

ականջօղ

pet

գլխարկ

kapstok

կախիչ

hoed

գլխարկ

das

փողկապ

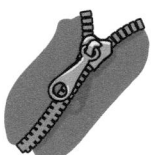

rits

շղթա

helm

սաղավարտ

bretellen

տաբատակալ

schooluniform

դպրոցական համազգեստ

uniform

համազգեստ

kleding - հագուստ

slabbetje

մանկական գոգնոց

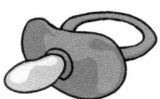

fopspeen

ծծակ

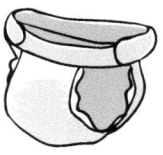

luier

մանկական տակդիր

kantoor

գրասենյակ

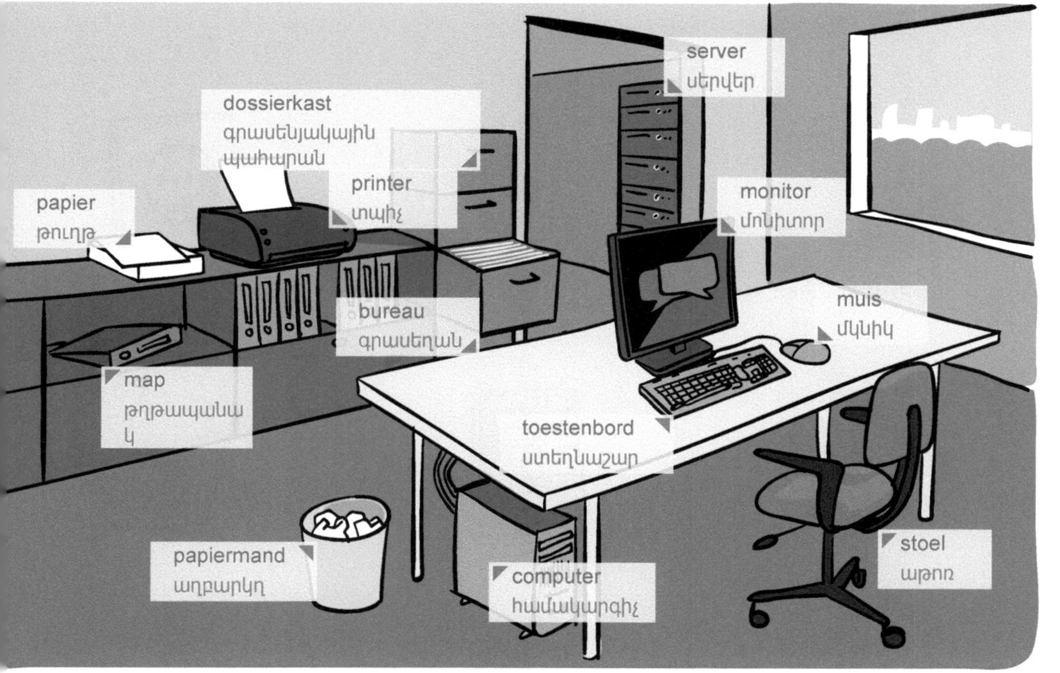

server
սերվեր
dossierkast
գրասենյակային պահարան
printer
տպիչ
papier
թուղթ
monitor
մոնիտոր
muis
մկնիկ
bureau
գրասեղան
map
թղթապանակ
toestenbord
ստեղնաշար
papiermand
աղբարկղ
computer
համակարգիչ
stoel
աթոռ

koffiemok

սուրճի գավաթ

rekenmachine

հաշվիչ

internet

ինտերնետ

laptop

laptop

brief

նամակ

bericht

հաղորդագրություն

gsm

բջջային հեռախոս

netwerk

ցանց

kopieerapparaat

պատճենահանման սարք

software

ծրագրային ապահովում

telefoon

հեռախոս

stopcontact

վարդակ

fax

ֆաքսի մեքենա

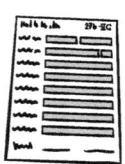

formulier

տեսակ

document

փաստաթուղթ

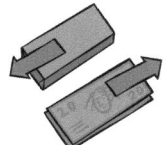

kopen

գնել

betalen

վճարել

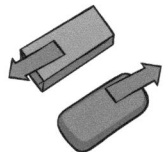

handelen

առեւտրի

geld

փող

dollar

դոլար

euro

եվրո

yen

իեն

roebel

ռուբլի

Zwitserse frank

շվեյցարական ֆրանկ

Chinese renminbi

յուան

roepie

ռուպի

geldautomaat

բանկոմատ

wisselkantoor

փոխանակման կետ

goud

ոսկի

zilver

արծաթ

olie

նավթ

energie

էներգիա

prijs

գին

contract

պայմանագիր

belasting

հարկ

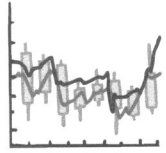

aandeel

ակցիաներ

werken

աշխատանք

werknemer

ծառայող

werkgever

գործատուն

fabriek

գործարան

winkel

խանութ

economie - տնտեսություն

beroepen
մասնագիտություն

politieagent
ոստիկան
brandweerman
հրշեջ
kok
խոհարար
dokter
բժիշկ
piloot
օդաչու

tuinman

այգեպան

timmerman

ատաղձագործ

naaister

դերձակուհի

rechter

դատավոր

chemicus

քիմիկոս

acteur

դերասան

buschauffeur

....

ավտոբուսի վարորդ

taxichauffeur

....

տաքսու վարորդ

visser

....

ձկնորս

schoonmaakster

....

հավաքարար

dakdekker

....

տանիքագործ

ober

....

մատուցող

jager

....

որսորդ

schilder

....

նկարիչ

bakker

....

հացթուխ

elektricien

....

էլեկտրատեխնիկ

bouwvakker

....

շինարար

ingenieur

....

ինժեներ

slager

....

մսագործ

loodgieter

....

ջրմուղագործ

postbode

....

փոստարար

soldaat

զինվոր

architect

ճարտարապետ

kassier

գանձապահ

bloemist

ծաղկավաճառ

kapper

վարսավիր

conducteur

տոմսավաճառ

mecanicien

մեխանիկ

kapitein

կապիտան

tandarts

ատամնաբույժ

wetenschapper

գիտնական

rabbijn

ռաբբի

imam

Իմամ

monnik

կուսակրոն

geestelijke

հոգևորական

werktuigen
գործիքներ

tang
տափակաբերան
աքցան
hamer
մուրճ
schroevendraaier
պտուտակահան
zaklamp
լապտեր
schroefsleutel
դարձակ

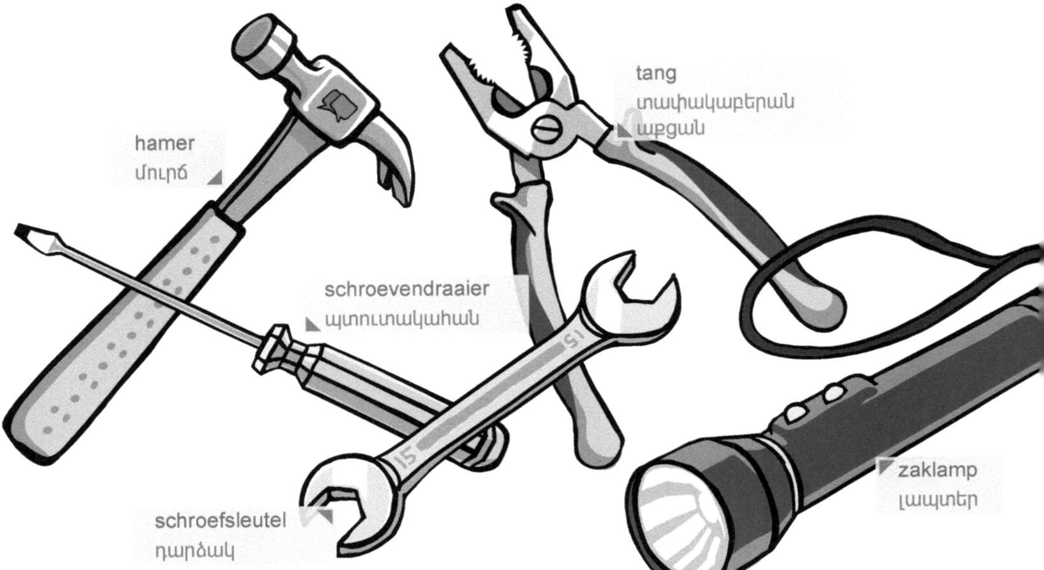

graafmachine

էքսկավատոր

gereedschapskoffer

գործիքների տուփ

ladder

սանդուղք

zaag

սղոց

spijkers

մեխեր

boormachine

գայլիկոն

repareren

նորոգում

schop

բահ

Verdomme!

գրողը տանի

blik

գոգաթիակ

verfpot

ներկաման

schroeven

պտուտակներ

muziekinstrumenten
երաժշտական գործիքներ

luidspreker
բարձրախոս

drumstel
հարվածային գործիքների կազմ

contrabas
կոնտրաբաս

trompet
շեփոր

gitaar
կիթառ

piano

դաշնամուր

viool

ջութակ

basgitaar

բաս

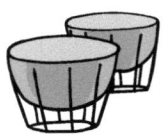

pauk

թմբուկներ

trommels

հարվածային գործիքներ

keyboard

ստեղնաշար

saxofoon

սաքսոֆոն

fluit

ֆլեյտա

microfoon

միկրոֆոն

ZOO

կենդանաբանական այգի

ingang
մուտք
tijger
վագր
kooi
վանդակ
zebra
զեբր
diereneten
կենդանիների կերակուր
panda
պանդա

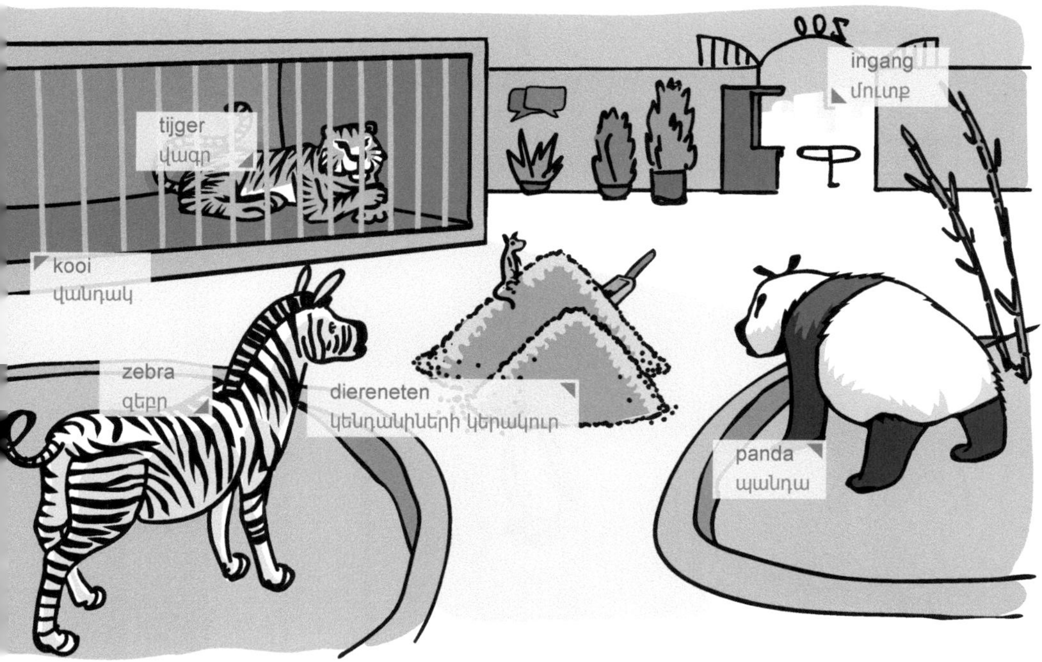

dieren

կենդանիներ

olifant

փիղ

kangoeroe

կենգուրու

neushoorn

ռնգեղջյուր

gorilla

գորիլա

beer

գորշ արջ

kameel

ուղտ

struisvogel

ջայլամ

leeuw

առյուծ

aap

կապիկ

flamingo

ֆլամինգո

papegaai

թութակ

ijsbeer

բևեռային արջ

pinguïn

պինգվին

haai

շնաձուկ

pauw

սիրամարգ

slang

օձ

krokodil

կոկորդիլոս

dierenverzorger

կենդանաբանական այգու
աշխատող

zeehond

փոկ

jaguar

յագուար

pony

պոնի

luipaard

ընձառյուծ

nijlpaard

գետաձի

giraffe

ընձուղտ

adelaar

արծիվ

wild zwijn

վարազ

vis

ձուկ

zeeschildpad

կրիա

walrus

ծովացուլ

vos

աղվես

gazelle

վիթ

sporten

սպորտներ

rugby
ամերիկյան ֆուտբոլ
wielrennen
հեծանվավազք
tennis
թենիս
basketbal
բասկետբոլ
zwemmen
լող
boksen
բռնցքամարտ
ijshockey
հոկեյ

voetbal

ֆուտբոլ

badminton

բադմինտոն

atletiek

աթլետիկա

handbal

ձեռքի գնդակ

skiën

դահուկային սպորտ

polo

պոլո

lachen
ծիծաղել
springen
ցատկել
knuffelen
գրկել
wandelen
քայլել
zingen
երգել
dromen
երազել
bidden
աղոթել
kussen
համբուրել

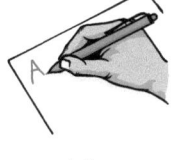

schrijven
գրել

tekenen
նկարել

tonen
ցույց տալ

duwen
հրել

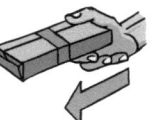

geven
տալ

nemen
վերցնել

hebben

ունենալ

doen

դեպի

zijn

լինել

staan

կանգնել

lopen

վազել

trekken

քաշել

gooien

նետել

vallen

ընկնել

liggen

ստել

wachten

սպասել

dragen

կրել

zitten

նստել

aankleden

հագնվել

slapen

քնել

ontwaken

արթնանալ

kijken naar

նայել

wenen

լացել

aaien

շոյել

kammen

սանրվել

praten

խոսել

begrijpen

հասկանալ

vragen

հարցնել

luisteren

լսել

drinken

խմել

eten

ուտել

opruimen

հարդարվել

houden van

սիրել

koken

խոհարար

rijden

քշել

vliegen

թռչել

zeilen

լողալ

rekenen

հաշվել

Lezen

կարդալ

leren

սովորել

werken

աշխատանք

trouwen

ամուսնանալ

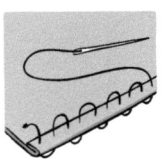

naaien

կարել

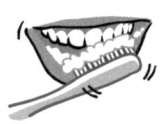

tandenpoetsen

ատամները լվանալ

doden

սպանել

roken

ծուխ

sturen

ուղարկել

activiteiten - գործունեություն

familie
ընտանիք

grootmoeder
տատիկ
grootvader
պապիկ
vader
հայր
moeder
մայր
baby
երեխա
dochter
դուստր
zoon
որդի

gast
հյուր

tante
հորաքույր

oom
հորեղբայր

broer
եղբայր

zus
քույր

lichaam

մարմին

voorhoofd
ճակատ
oog
աչք
schouder
ուս
vinger
մատ
gezicht
դեմք
kin
կզակ
hand
ձեռք
borst
կուրծք
been
ոտք
arm
թև

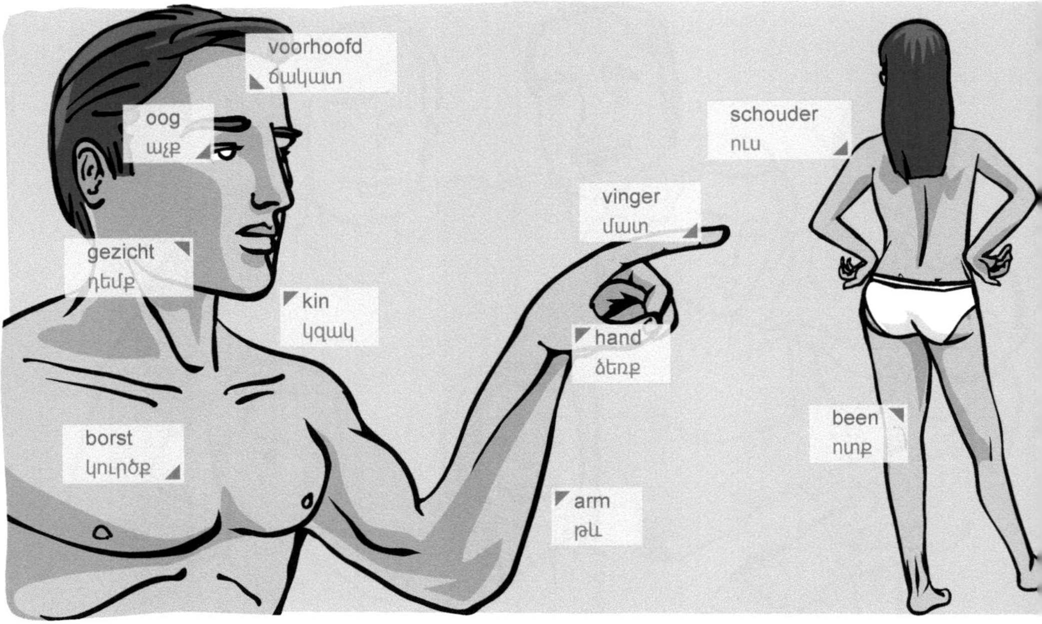

baby
երեխա

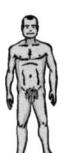

man
մարդ

vrouw
կին

meisje
աղջիկ

jongen
տղա

hoofd
գլուխ

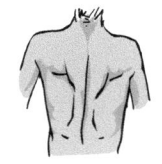

rug

մեջք

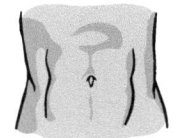

buik

փոր

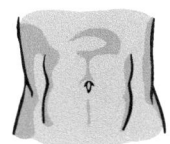

navel

պորտ

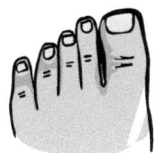

teen

ոտնամատ

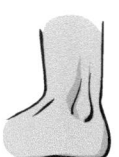

hiel

կրունկ

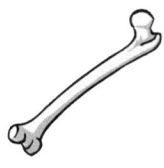

bot

ոսկոր

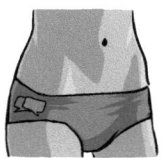

heup

ազդր

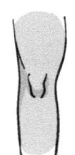

knie

ծունկ

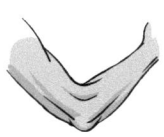

elleboog

արմունկ

neus

քիթ

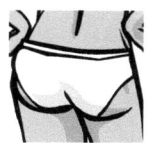

zitvlak

հետույք

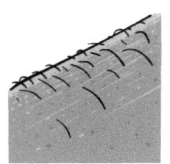

huid

մաշկ

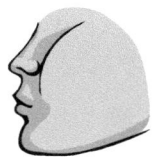

wang

այտ

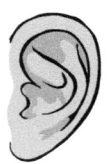

oor

ականջ

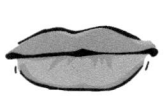

lip

շրթունք

mond

բերան

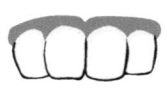

tand

ատամ

tong

լեզու

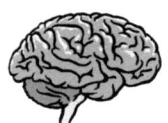

hersenen

ուղեղ

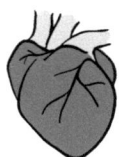

hart

սիրտ

spier

մկան

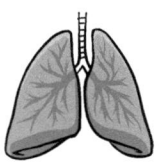

long

թոք

lever

լյարդ

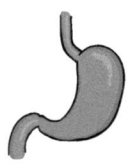

maag

ստամոքս

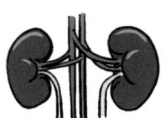

nieren

երիկամներ

seks

սեքս

condoom

պահպանակներ

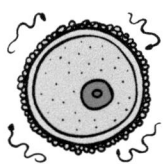

eicel

ձվաբջիջը

sperma

Սեմյոն

zwangerschap

հղիություն

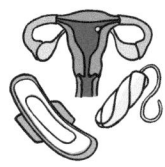

menstruatie

դաշտան

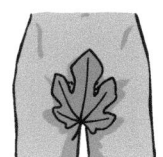

vagina

հեշտոց

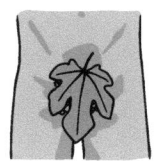

penis

առնանդամ

wenkbrauw

հոնք

haar

մազ

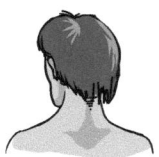

nek

պարանոց

ziekenhuis
հիվանդանոց

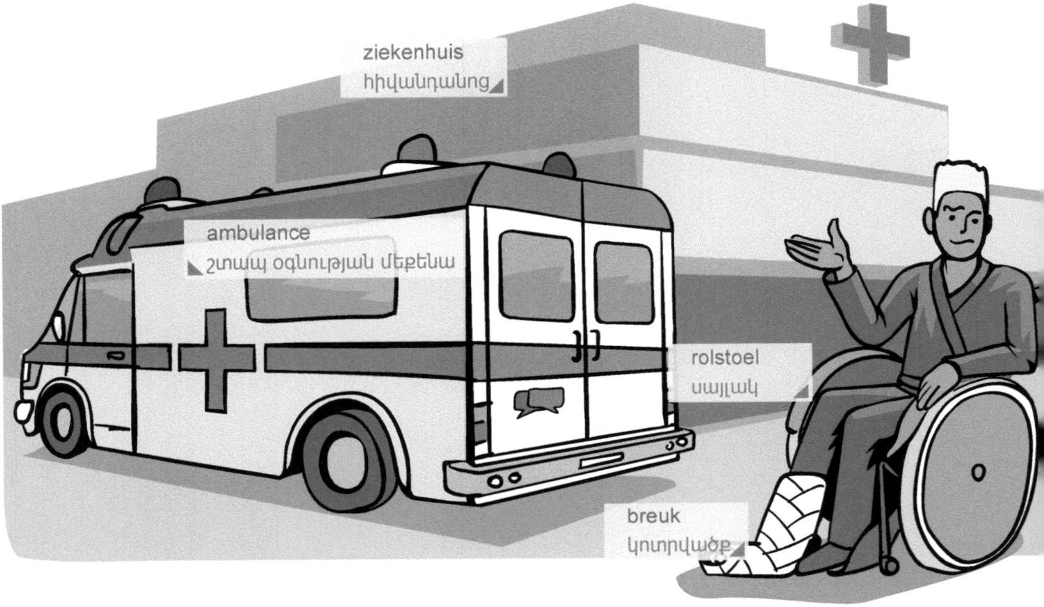

ziekenhuis
հիվանդանոց
ambulance
շտապ օգնության մեքենա
rolstoel
սայլակ
breuk
կոտրվածք

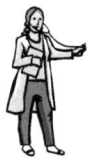

dokter

բժիշկ

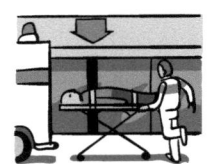

spoed

շտապ օգնության սենյակ

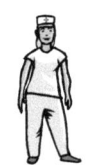

verpleegkundige

բուժքույր

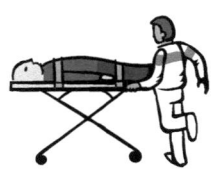

noodgeval

շտապ օգնություն

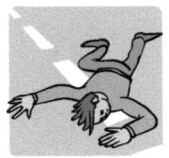

bewusteloos

անգիտակից

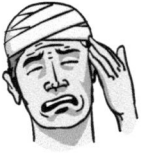

pijn

ցավ

verwonding

վնասվածք

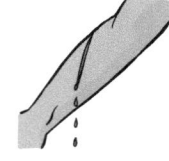

bloeding

արյունահոսություն

hartaanval

սրտի կաթված

beroerte

կաթված

allergie

ալերգիա

hoest

հազ

koorts

տենդ

griep

գրիպ

diarree

փորլուծություն

hoofdpijn

գլխացավ

kanker

քաղցկեղ

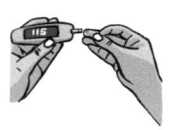

diabetes

դիաբետ

chirurg

վիրաբույժ

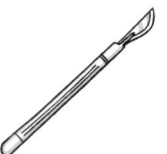

scalpel

վիրադանակ

operatie

վիրահատություն

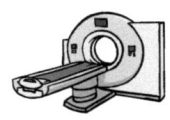

CT

CT

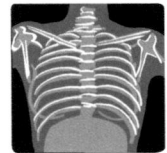

röntgenstraal

ռենտգեն

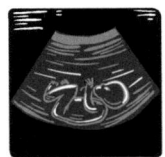

ultrageluid

ուլտրաձայնային

gezichtsmasker

դեմքի դիմակ

ziekte

հիվանդություն

wachtkamer

սպասասրահ

kruk

հենակ

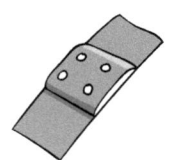

pleister

սպեղանի

verband

վիրակապ

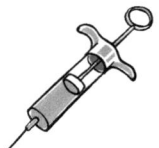

injectie

ներարկում

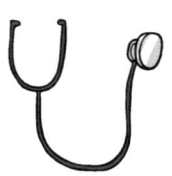

stethoscoop

լսափողակ

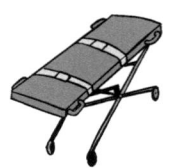

brancard

պատգարակ

thermometer

ջերմաչափ

geboorte

ծնունդ

overgewicht

ավելաքաշ

hoorapparaat
....
լսելով օգնության

ontsmettingsmiddel
....
ախտահանիչ

infectie
....
վարակ

virus
....
վիրուս

HIV / AIDS
....
ՄԻԱՎ / ՁԻԱՀ

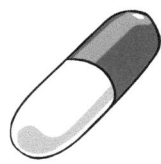

medicijn
....
դեղորայք

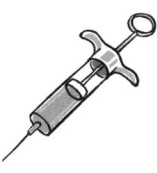

vaccinatie
....
պատվաստում

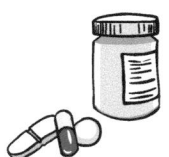

tabletten
....
հաբեր

pil
....
հաբ

noodoproep
....
ահազանգ

bloeddrukmeter
....
արյան ճնշման չափիչ սարք

ziek / gezond
....
հիվանդ / առողջ

noodgeval

Շտապ օգնություն

Help!

Օգնություն!

alarm

տագնապի ազդանշան

overval

հարձակում

aanval

հարձակում

gevaar

վտանգ

nooduitgang

վթարային ելք

Brand!

Հրդեհ

brandblusser

կրակմարիչ

ongeval

վթար

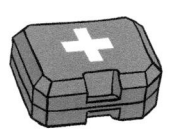

EHBO-kit

առաջին օգնության դեղարկղ

SOS

SOS

politie

ոստիկանություն

Europa

Եվրոպա

Noord-Amerika

Հյուսիսային Ամերիկա

Zuid-Amerika

Հարավային Ամերիկա

Afrika

Աֆրիկա

Azië

Ասիա

Australië

Ավստրալիա

Atlantische Oceaan

Ատլանտյան օվկիանոս

Stille Oceaan

Խաղաղ օվկիանոս

Indische Oceaan

Հնդկական օվկիանոս

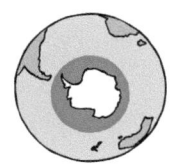

Antarctische Oceaan

Հարավային Սառուցյալ օվկիանոս

Arctische Oceaan

Հյուսիսային Սառուցյալ օվկիանոս

Noordpool

հյուսիսային բևեռ

Zuidpool

հարավային բևեռ

Antarctica

Անտարկտիդա

aarde

երկիր

land

ցամաք

zee

ծով

eiland

կղզի

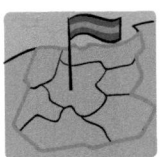

natie

ազգ

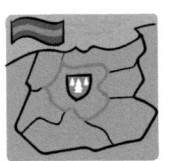

staat

պետական

klok
ժամացույց

wijzerplaat

թվատախտակ

uurwijzer

ժամի սլաք

minuutwijzer

րոպեի սլաք

secondewijzer

վայրկյանի սլաք

Hoe laat is het?

Ժամը քանիսն է?

dag

օր

tijd

այսպիսով

nu

այժմ

digitale horloge

թվային ժամացույց

minuut

րոպե

uur

ժամ

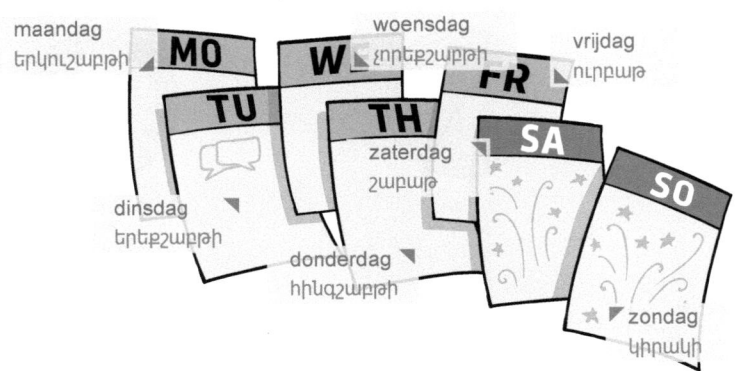

maandag
երկուշաբթի — **MO**

woensdag
W չորեքշաբթի

vrijdag
ուրբաթ — **FR**

TU

TH

zaterdag
շաբաթ — **SA**

SO

dinsdag
երեքշաբթի

donderdag
հինգշաբթի

zondag
կիրակի

gisteren
....
այսօր

vandaag
....
այսօր

morgen
....
վաղը

ochtend
....
առավոտ

middag
....
կեսօր

avond
....
երեկո

werkdagen
....
աշխատանքային օրեր

weekend
....
շաբաթվա վերջ

jaar
տարի

regen
անձրև
regenboog
ծիածան
wind
քամի
sneeuw
ձյուն
lente
գարուն
herfst
աշուն
zomer
ամառ
winter
ձմեռ

4.APRIL 11°
5.APRIL 4°
6.APRIL 13°
7.APRIL 8°
8.APRIL 10°

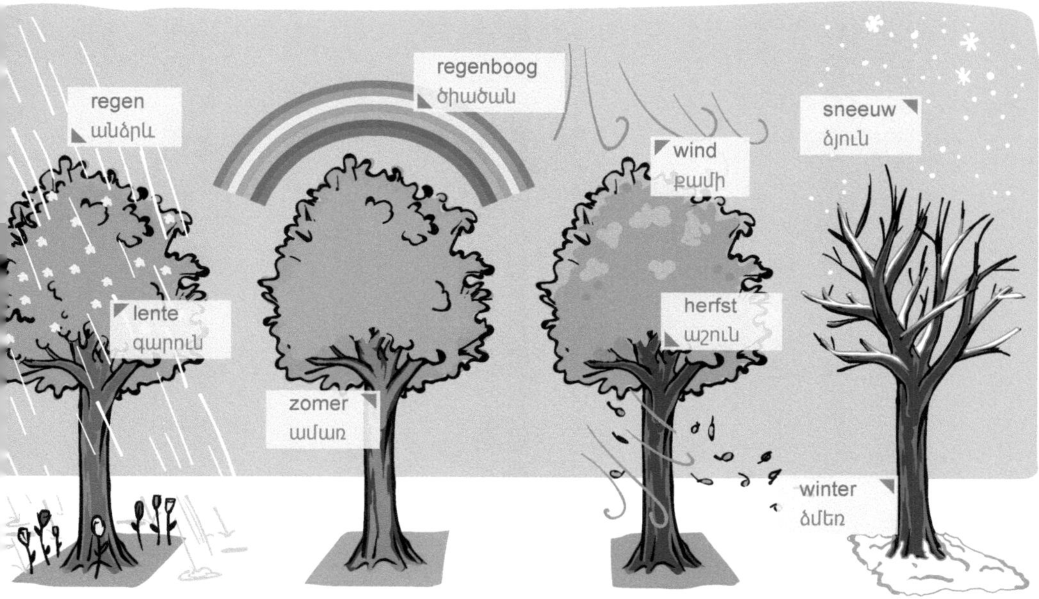

weervoorspelling

եղանակի տեսություն

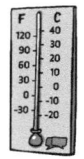

thermometer

ջերմաչափ

zonneschijn

արևի լույս

wolk

ամպ

mist

մառախուղ

vochtigheid

խոնավություն

bliksem

կայծակ

donder

որոտ

storm

փոթորիկ

hagel

կարկուտ

moesson

մուսոն

overstroming

ջրհեղեղ

ijs

սառույց

januari

հունվար

februari

փետրվար

maart

մարտ

april

ապրիլ

mei

մայիս

juni

հունիս

juli

հուլիս

augustus

օգոստոս

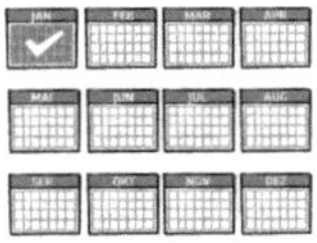

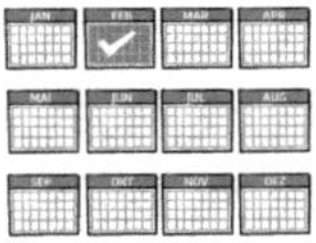

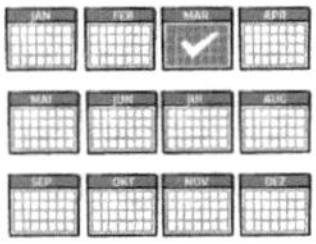

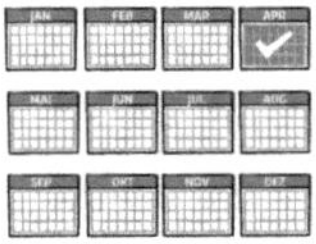

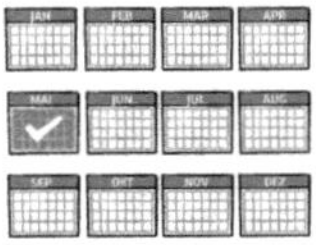

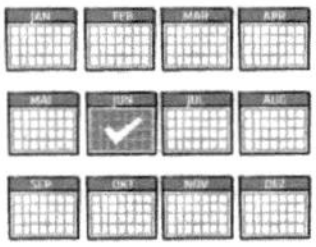

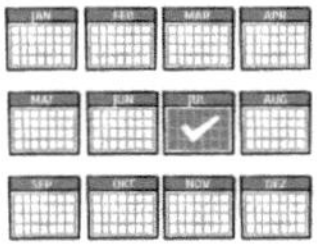

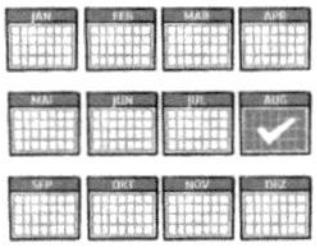

september
....
սեպտեմբեր

oktober
....
հոկտեմբեր

november
....
նոյեմբեր

december
....
դեկտեմբեր

vormen
ձևավորում

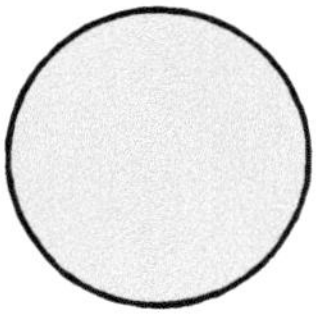

cirkel
....
շրջան

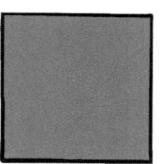

kwadraat
....
քառակուսի

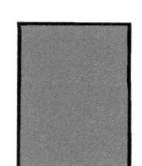

rechthoek
....
ուղղանկյունի

driehoek
....
եռանկյունի

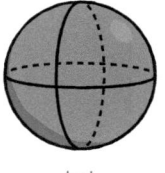

bol
....
ասպարեզ

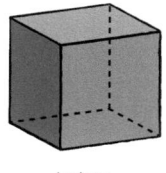

kubus
....
խորանարդ

kleuren

գույներ

wit

վարդագույն

geel

մոխրագույն

oranje

դեղին

roze

մանուշակագույն

rood

կարմիր

paars

շագանակագույն

blauw

կապույտ

groen

սև

bruin

նարնջագույն

grijs

սպիտակ

zwart

կանաչ

tegengestelden

հակադիրներ

veel / weinig

շատ / քիչ

boos / kalm

բարկացած / հանգիստ

mooi / lelijk

գեղեցիկ / տգեղ

begin / einde

սկսած / վերջը

groot / klein

մեծ / փոքր

licht / donker

պայծառ / մութ

broer / zus

եղբայրը / քույրը

proper / vuil

մաքուր / կեղտոտ

volledig / onvolledig

ամբողջական / թերի

dag / nacht

օր / գիշեր

dood / levend

մեռած / կենդանի

breed / smal

լայն / նեղ

eetbaar / oneetbaar

ուտելի / անուտելի

kwaadaardig / vriendelijk

չար / բարի

opgewonden / verveeld

հուզված / ձանձրացրել

dik / dun

հաստ / բարակ

eerst / laatst

առաջին / վերջին

vriend / vijand

ընկերը / թշնամին

vol / leeg

լիքը / դատարկ

hard / zacht

կոշտ / փափուկ

zwaar / licht

ծանր / թեթև

honger / dorst

քաղց / ծարավ

ziek / gezond

հիվանդ / առողջ

illegaal / legaal

անօրինական է / իրավաբանական

intelligent / dom

խելացի / հիմարություն

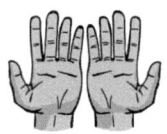

links / rechts

ձախ / աջ

dichtbij / veraf

մոտիկ / հեռու

nieuw / gebruikt

Նոր / օգտագործվում

niets / iets

ոչինչ / ինչ - որ բան

oud / jong

ծեր / երիտասարդ

aan / uit

միացում անջատում

open / dicht

բաց / փակ

stil / luid

ցածր / բարձր

rijk / arm

հարուստ / աղքատ

juist / fout

ճիշտ / սխալ

ruw / glad

անհարթ / հարթ

droevig / blij

տխուր / ուրախ

kort / lang

կարճ / երկար

traag / snel

դանդաղ / արագ

nat / droog

թաց / չոր

warm / koud

տաք / թույն

oorlog / vrede

պատերազմ /
խաղաղությունը

cijfers
թվեր

0

nul

զրո

1

één

մեկ

2

twee

երկու

3

drie

երեք

4

vier

չորս

5

vijf

հինգ

6

zes

վեց

7

zeven

յոթ

8

acht

ութ

9

negen

ինը

10

tien

տաս

11

elf

տասնմեկ

12
twaalf

տասներկու

13
dertien

տասներեք

14
veertien

տասնչորս

15
vijftien

տասնհինգ

16
zestien

տասնվեց

17
zeventien

տասնյոթ

18
achtien

տասնութ

19
negentien

տասնինը

20
twintig

քսան

100
honderd

հարյուր

1.000
duizend

հազար

1.000.000
miljoen

միլիոն

Talen
լեզուներ

Engels

անգլերեն

Amerikaans Engels

ամերիկյան անգլերեն

Chinees (Mandarijn)

չինարեն մանդարին

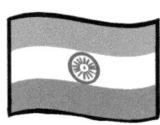

Hindi

հինդի

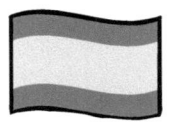

Spaans

իսպաներեն

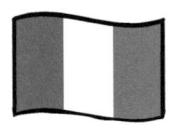

Frans

ֆրանսերեն

Arabisch

արաբերեն

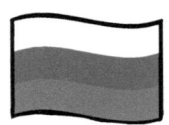

Russisch

ռուսերեն

Portugees

պորտուգալերեն

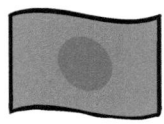

Bengali

բենգալերեն

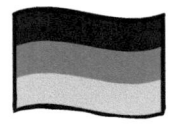

Duits

գերմաներեն

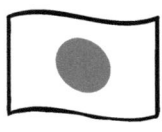

Japans

ճապոներեն

wie / wat / hoe

Ով է /, թե ինչ է /, ինչպես

ik

ես

u

դուք

hij / zij / het

Նա / նա /, որ դա

wij

մենք

u

դուք

ze

նրանք

wie?

Ով է?

wat?

ինչ?

hoe?

ինչպես?

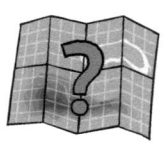

waar?

որտեղ.

wanneer?

երբ?

naam

անուն

waar

որտեղ

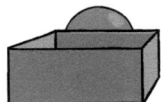

achter

ետևում

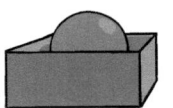

in

մեջ

voor

դիմաց

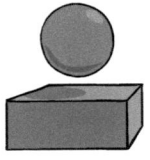

boven

վրա

op

վրա

onder

տակ

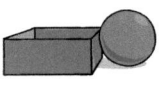

naast

կողքին

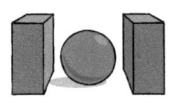

tussen

միջև

plaats

տեղ